JN439701

쓰나미의 빛

지성의 상상 시인선 003

쓰나미의 빛

윤고방 시집

미네르바

시인의 말

『낙타와 모래꽃』 이후
발걸음은 더 무거워졌다.

연민의 눈초리는 아직도
사방에 둘러 있는데
모래꽃을 향한 낙타의 눈빛은
더욱 간절하니 도대체 웬일인가?

지상에서 천상으로 벋은
신기루 한 줄기를 손에 붙잡은 겐가?
아니, 그럴 리가 있겠는가,

언젠가는 짙은 안개가 말해주겠지.
쓰나미 쓸고 지난 후에도 여전히
땅속 샘물들이 살아있음을

2017년 5월
윤고방

차례

제2부

제3부

제4부

제1부

쓰나미의 빛 1
—깃발

2011년 3월 11일을 기억하시는가
세상의 고요가 비명의 목청을 깨고 나오던 시각
거친 숨소리가 심해 절벽 갈라진 틈바구니에서
불덩이 잿덩이 바람덩이를 한데 휘몰아
검붉은 어둠 속에서 더욱 빛나던 시각

뼛속깊은데서부터오래오래대륙의향내를탐하며천지사방으로발기한햇살꿰어들고달리는섬하나있다굶주린신풍神風에갈기세운깃발이다

땅 끝까지 바다 끝까지 울려 퍼지는
수궁 악사들 구성진 너울의 장엄한 흐느낌 속에서
환태평양 불의 고리를 꿰어 든 알몸뚱이가 꿈틀거린다
얼굴 불콰한 마그마, 만취의 춤사위가 일렁거린다

가구라*탈뒤에숨은웃음이빠안히보이는데마침내는천지사방에순백의피강물흐르게할그대는결코지울수없는쓰나미의깃발인것이냐

---

*가구라: 일본의 대표적인 전통 탈춤.

쓰나미의 빛 2
—처녀들과 사내들

그날 아침 피어린 목울대를 부여잡고 "쓰나미가 와요!" 마을 회관 마이크를 움켜쥔 채 마지막 외마디를 삼키며 흙탕물 속으로 사라진 엔도 미키*는 진정 살아있는 아름다운 섬나라 순결한 마지막 처녀였는가

언제나 세상은 단지 빛깔 다른 시공일 뿐이라서 곡조 닮은 가락들이 저승과 이승의 벽을 뚫고 울려 나오길래 우리 땅엔 관순 누나가 있고 바다 건너엔 미키 누이가 있구나 그러나 그 순결한 피로도 다 씻지 못할 그 무서운 죗값을 어쩔 셈이냐

덮어둔 세월 갈피마다 임진왜란 일곱 해 뼈 쑤신 쓰라림도 얼룩얼룩 아직 고름 진물 배어나는데, 동학년 피 강물에 떠내려간 이름 없는 농민군들, 핏물에 구겨진 의병 아제들의 무명 한복이 걸린 형장 나무 십자가의 마지막 햇살을 핥으며, 거짓 하늘의 황제[天皇] 탈을 앞세워 현해탄을 건너온 을사년 쓰나미 떼.

정신대라는 늑대의 이름으로 어린 처녀들의 꽃잎을 살라먹고도 끝내 거짓에 목마른 사내들이여. 조신한 소녀상에 경풍驚風하는 신사들이여, 살과 기름의 누린내 진동하는 칠삼일부대**

흰 가운을 걸친 전사들. 다시 살아난 칠백삼십일 번 비행기 날개 위에 올라 앉아 미소 짓는 그대여, 난징[南京] 삼십만 마지막 비명 소리를 칼춤으로 잠재운 섬나라 신주神主의 거룩한 명령은 이천십칠 년 오늘까지도 유효하구나 쟁쟁하구나

이마빼기에 쓰나미의 빛나는 혈통을 새긴 사내가 외친다
자위권의 풀무를 저어라 돌려라
욱일승천旭日昇天의 신바람을 살려내야 한다
거룩한 전신戰神의 영령, 목관木棺의 덮개를 열어라
신사神祠의 영웅들을 깨워야 할 때다
혀를 물고 열도와 함께 침몰한대도 다시 살아날 가미가제[神風]여

고-노[go no]***는 가고 없는가 쓴웃음 짓는 쓰나미의 빛이여

---

* 엔도 미키: 2011년 동일본 대지진 때, 쓰나미의 위험을 맨 처음 알리고 죽은 일본 여인.
** 칠삼일부대: 제2차 세계대전 때 일본 육군의 관동군 예하 부대로 비밀 생체실험 등을 자행함이 확실하나, 아베 총리는 이를 적극 부정하기 위해 731호 전투기에 올라 손을 흔드는 모습을 연출하여 극도의 분노를 삼.
*** 고-노[go no]: 1993년, 일본 관방장관 고노 휴에이가, 정신대 모집에 일본군이 직접 개입했음을 공식 인정한 '고노담화[河野談話]'의 주인공.

쓰나미의 빚 3
—아베의 질주

백악기 공룡들이 깊은 지층 속에서 차츰 화석으로 익어갈 무렵 돌도끼가 난무하던 수수만년 전, 고조선 땅에 "에비에비* 무시라! 조심하그라!" 소스라치며 아기 원시인 끌어안고 욕정의 사내들 물리치던 여인네들 있었다 했네 유구 세월 흐르면서 '에비'는 점잖고 믿음직한 '아버지'로 바뀌었다 하더니만 사실은 그게 아니라는군 '에비에비'는 몸서리치는 임진년에 왜놈들이 내질러놓은 불쌍하기 짝이 없는 사생아라는 게야

그날이 언제일까 바다 건너 쓰나미의 사나운 질주를 주저앉힐 그날이

도요토미 히데요시가 명하기를 조센징의 코[鼻]와 귀[耳]**를 잘라 오너라 왜란 끝나고 나서 조선 땅엔 코와 귀 없는 백성 즐비하고 현해탄 건너 잔내비 열도에는 코무덤 귀무덤이 신사 어귀마다 통곡하며 누워 있었다네 흐느낌은 오늘도 안개비로 내리는데 '이비'가 변하여 '에비'가 되고 '에비'가 변하여 '아베'가 되고 보니 "이비耳鼻—에비—아비—아베 무시라! 조심하그라!" 눈감으면 코 베어갈 놈이라더니 대명천지 두 눈 똑바로 뜬 세

상이라고 눈알 훔쳐갈 놈 또 아니 나타나겠는가

그날이 언제일까 바다 건너 사내의 철없는 질주를 주저앉힐 그날이

쓰나미 무서운 줄은 푸른 하늘 깊은 바다가 알고 섬나라 어린 백성들 대륙의 착한 백성들 모두가 알렸마는 소리 없이 웃음 지으며 쓰나미의 발자국 소리는 수평선 넘어 다가오는데

---

*어린 아이를 조심하도록 경계할 때 '이비이비' '에비에비' 하는 것에 대해, 과거에는 '무서운 아버지' 또는 '무서운 사내'가 어원이라는 불확실한 설에 의존함.

**'이비이비' '에비에비'의 어원이 1597년 정유재란 때 도요토미의 명령에 의해 12만여 명 조선인의 코와 귀를 베어 소금에 절여 가져간 잔혹한 사건(코, 귀무덤)에서 비롯되었다는 사실이 새롭게 밝혀짐.

쓰나미의 빛 4
—문 두드리는 소리

산더미 파도에 휩쓸려가는
어느 손아귀에도
끝없이 하강하는
압력계 바늘 위에도
산호 한 뿌리
해초 한 오리 잡히지 않고
가쁜 목숨의 밭은기침 소리만 떠올라

암흑의 깊은 창문을
두드리는 소리
귀먹은 바다의
눈먼 파도의
영혼을 흔드는
당신들의 기도에
정겨운 산과 들이
응답해야 할 텐데
초침 소리는 어찌 그리도 창백하던가

>

떨고 있는 혼백이여
그대 손아귀가
붙잡고 있는 돛대 끝의
찢어진 깃발 조각을 이제 놓으시게
수평선 노을 끝
젖은 하늘을 향하여
지친 목청을 이제 그만
고요히 누이시게

쓰나미의 그날
후쿠시마의 해저로부터
맹골수로 흉흉한
급류의 경계를 넘어
하늘과 땅에
나뉘어 울고 있는
뿌리 다른 어둠마저 끝내 벗어버리고
꿈꾸는 빛으로
다시 살아나오시게

쓰나미의 빛 5
—부메랑

흘러간 피 강물의 기억을
지나가버린 어느 하루 흐린 날로만 생각해서야 되겠느냐
저들만의 쾌를 탐하여 온갖 쓰라림을 새겨낸 칼날의 기억이
뚝딱 시치미 뗀다고 어찌 사라지겠느냐

장백산맥을 넘어오는 높새바람이 중얼거린다
—쓰나미는 바다 밑에서만 오는 게 아니다

서른여섯 해의 열 배는 갚아야 속이 시원할 것이다마는
임진년 칠 년 동안 황토 산하에 눈감지 못한 채 흩어진
이백만 목숨의 열 중 하나라도 살려내야 할 것이다마는
더도 덜도 말고 서른다섯 해와 삼백오십팔 일만은
반도의 눈에 흙이 들어오기 전에 꼭 갚아야 하느니라

파랑 높은 현해탄을 건너가거라 물결아 바람아
가서 사람의 사람다운 마음을 살려내거라
천황이 공중에서 내려와 땅에서 다시 태어나게 하고
가미가제가 순진한 인간의 바람임을 증거하라

마침내 참회의 눈물로 소녀상 앞에 목 놓아 울게 하라

아서라 어두운 세상의 아비여 눈먼 아베여
전쟁하는 나라의 무심한 총칼을 거두고
신사神祠의 대문에 무쇠 빗장을 걸어라
분노의 얼음벽이 무너져내리기 전에

쓰나미의 빛 6
—부활

동일본 대지진의 그날
하늘이 먼저 새까맣게 밀려왔지
일곱 해가 지난 지금
파도는 검은 너울을 벗었지만
후쿠시마엔 아직도
버섯구름의 망령이 바다 위를 떠도네

강보에 싸여 피란길에 올랐던 아이들은
자라서 이제 노래를 부른다
두부하우스 두부하우스

하얀색 페인트에 네모 반듯반듯한
생활도 네모 생각도 네모라며
지금은 정든 우리들의 집
고달픈 피난살이 골목길 끝에
아이들은 자라서 노랠 부르네

어른들의 하늘은 오늘도 낯빛을 바꾸는데

바다는 혼몽한 쓰나미의 꿈을 베고 누웠는데
아이들은 철모르고 노랠 부르네
철모르는 아이들만 다시 살아나고 있네
두부를 닮은 정든 우리 집
두부하우스 두부하우스

쓰나미의 빛 7
—독섬의 노래

아 글씨 돌—섬이라는디 독—섬 독—도 말이여
동쪽 바다 사철 바람에 닳아 뭉그라진 목소리로
천년만년이나 독—섬이라 불렀다 안 카둥가

웬 염병할 얼어 죽을 놈의 죽도여 죽도가
문뎅이 같은 넘들이 뭣이라 카노 다케시마라꼬

돌멩이처름이나 딴딴하고 모진 섬이라 캐도
노랑부리백로가 날고 박주가리가 피고 지는디
그러코롬 지랄맞고 흉악한 바람서리 속에
오롯이 촛대바우로 불 써 들고
독립문 방구로 서 있을라 카믄
허기사 외롭지 않은 목숨이 어디 있겠능가

백두대간을 타고 어기여차 내려오다가
동해 서슬 푸른 대왕암 가슴팍으로 자맥질
울릉도 성님과 바위섬찌리 손잡고
캄캄하고 깊은 바다 속으로만 흘러서

용왕님께서 거룩하신 용암 토하며 솟은 자리

배락맞을 왜구놈들 수없이 맞어감서 우리는
너럭방구 우에서 한 뎅이로 춤추며
목 쉰 바람소리로 살아온 우리는
모두모두 하나씩 야무진 돌—섬 아인게비여

쓰나미의 빛 8
—뜨거운 광야에서

차라리 겨울에 올 걸
눈보라 찬바람이 몰아치는 곳
피 묻은 광야를
어둠에 가두어 기른 곳

시인의 영지는 마땅히
아무리 계절을 뛰어넘어도
사위가 엄중할 것이지만
결코 멈추지 않는
쓰나미의 말발굽 소리 요란한
빙판 아래 흐르는 강물이라야
당신의 거친 숨소리가
더욱 명징할 것이므로

그 거룩한 발상의 땅*에
맨정신으로는 가눌 길 없어
휘청거리는 발목을 짚고 섰다

한여름 뜨거운 햇살 속에서
날카로운 절정의 서릿발이
무딘 육신을 흔들어 깨운다

---

*발상의 땅: 이육사 시인의 생가가 있는 경북 안동의 벌판, 시 「광야」를 지은 곳.

쓰나미의 빛 9
—동주 형의 하늘

그 언덕에 가 보라
필운동 고개 위 윤동주 기념관
콘크리트 견고한 수조 위에
진회색 사각 하늘이 한 뼘쯤 열려 있고
형의 백골이 두 무릎 세우고 앉아 있다

그 언덕 기념관 낡은 수조 속에
우리가 언제 진정으로 무릎 꿇고
함께 부끄럼타며 앉아 있어 보았던가

살을 에는 바닷물이 혹은 쓰나미가
목에까지 차오른 후쿠오카의 철문이
녹슨 파도 소리로 으르렁거릴 때
그가 끝까지 가슴 주머니에 넣고
부비고 만지작거리던 고향의 하늘
북간도의 소녀들 강아지 어머니 어머니

그 속에 우리도 함께 숨 막히며

진정 몇 숨이나 함께 숨 막혀 보았던가

가벼운 세월들은 바람에 날아가 버리고
사각형 하늘 밖은 온갖 빛깔 좋은 소음 속에
진달래는 물씬 봄 내를 풍기는데
뻐꾸기는 무심히 잘도 웃어대는데

쓰나미의 빛 10
—우울한 귀향

가슴 뛰는 푸른 하늘 그림 속으로
까만 점 하나 다가오다가 드디어는
온 천지가 하얗게 날개들의 용오름이다

시베리아 알라스카에서 알껍데기를 깨고
서해 황금 노을을 빗겨 타고 활강하는 철새 떼
사뿐히 쉬어가는 여기는 반도의 강 하구
온통 눈부신 비단 물결이다

큰기러기쇠기러기검은머리흰죽지오리……

일만 킬로미터 천국의 자유 비행 코스는
하늘이 다 비치는 투명한 비닐하우스 안쪽
날개 잃은 오리들의 핏줄에도
같은 암호로 새겨 있지만
인공수정의 환희에서 깨어나
달콤한 인조 목숨에 잠깐 취한 사이

고—병—원—성—조—류—인—플—루—엔—자
에—이—아—이—에—이—아—이—에—이……

죄도 없이 죄도 모르고 죄에 묶여서
형장으로 끌려가는 오천만 마리
날개 없는 오리들의 상여 행렬 위로
축복의 철새들은 끝없이 날아오고

검은머리물떼새가창오리큰고니도요새……

같은 혈통의 아름다운 꿈속에서는
천상과 지상의 음향으로 함께 날며 춤추며 그러나
하늘과 땅의 목숨은 절벽 아래 두 동강이다
제 목숨을 가두어 기르는 사람들의 가슴도
산산이 부서진 하늘 조각이다

쓰나미의 빛 11
—톡소 프라즈마*

멍멍아 야옹아 너희들은
애완의 오작교 건너편에 살고
우리들은 종種의 은하수 이쪽에 살며
밤이 올 때마다 꿈자리가 닳도록 그리워했다

멍멍이 코코야 야옹이 얼룩아
멍멍이의 이국어는 다디달고요
야옹이의 사투리는 새콤달콤해

사람을 엇나게 사랑한 죄는 매화의 독화살을 맞고
즘생을 어여삐 사랑한 죄는 톡소 프라즈마를 맞나요

콩알 반쪽**으로 그믐달만큼 살아가는 그 여자
야생을 끔찍이도 쓰다듬던 느네 엄마가 앓아누웠다
그녀를 둘러업고 난 이제 어느 땅으로 가란 말이냐

멍멍아 야옹아 유행가 조로 하늘에 크게 고해라
목숨을 어여삐 사랑한 죄 그게 무슨 죈가요

*톡소 프라즈마: 개나 야생 고양이를 숙주로 하여 면역력이 약한 환자에게 감염되는 희귀성 질환.
**작자의 아내는 9년 전, 콩팥 한쪽을 작자로부터 받아 이식수술 후 면역력을 낮추며 살고 있음.

쓰나미의 빛 12
—바다의 노래

펄펄 끓는 바다가 외친다
은총의 세상 저 멀리로
분만의 환희에 넘치던 시절로
날 보내다오
차라리 번개의 화살에 꽂혀
안락한 죽음의 고향으로
나는 가고 싶다

사람아 사람들아
부처님 예수님 사랑하기를
다디달게 혀끝으로
경배하는 사람들아
뜨거운 목숨이
그악한 통증을 거쳐
마침내 도달하는 죽음을
천만세 업보로 갚아내고도
혓바닥 오감의 쾌가 닿지 못하는
여기는 산 낙지 전문점

끓어 넘치는 탕 속에서
자음모음도 없이
오직 꿈틀거리며 외치는
바다의 노래를 듣는다

쓰나미의 빛 13
—이쑤시개의 변명

한 목숨이 한 우주의 멱살을 잡고
마지막 용을 쓰고 있다
아름다운 진도 세방낙조의 서녘 하늘이
오색 비단으로 뻘낙지의 온몸을 휘감고 있다

맛깔스런 섬 사투리로 육두문자를 쏟아내는
토박이 해설사 아줌마는
곧 세방낙조가 세발낙지로 변신한다 했는데
바야흐로 저녁 밥상 위에서는
천상천하 아리따운 세방낙조가
꿈틀거리는 세발낙지로 환생하는 찰나

토막 난 종아리 목 타는 발가락들이
열사의 연옥을 걷고 있다
녹슨 윤회의 쇠사슬을 모래펄에 끌면서

한 목숨이 한 우주로 통하는 길목
느긋한 이쑤시개로 뽑아 올리는

타고 남은 노을
꽃다운 낙조

---

*세방낙조細方落照: 전남 진도 바닷가에서 바라보는 아름다운 저녁놀.

쓰나미의 빛 14
—자정의 시곗바늘

뽀얗게 우러난 오리탕 국물이
환상의 미각으로 끓고 있을 때
에이아이는 공중 가득히
화살비로 내려와 깃털마다 꽂히고

생불고기 한 덩이가
푸른 연기를 펄럭이며 타오르고 있을 때
축생들의 짓무른 발굽을 주저앉히며
적막한 성호를 그어대는 구제역

촛불이 광장을 휘감고 있다
깃발들이 거리를 덮고 있다
초침은 멈춰 선 채 졸고 있는데
자정의 바늘이 가리키는 곳은 어디인가

그대는
빛나는 주검 위에
혹은 생시의 꽃잎에

쏟아져 내리는 빛의 갈채인가
진정으로 맑은 눈물 한 줄기 솟아나는 곳은

쓰나미의 빛 15

—총알에게

가는 곳마다 곧장 길이 열린다
한 치도 어긋남이 없이
과녁을 향해 날아가는
오래고 오랜 과거로부터
한 번도 쉰 적이 없는

너의 표적은 떨리는 생명이었다
납 한 덩어리의 세상이 온통
한 목숨의 빛나는 값어치여서
황금빛이거나 무지갯빛이었던 순간이나
시름의 깊은 늪에 누워 자신을 향해
방아쇠를 당길 힘조차 없었던 순간에도
너는 오직 한 길로만 달려나갔다

펄펄 끓는 심장 혈관을 뚫고
마침내는 목숨의 마지막 휘장을
일순에 걷어 올리는
아직 한 번도 멈춘 적 없는

그대 탄력의 포물선, 그러나
빛나는 영혼들의 아름다운 불꽃놀이는
아직 단 한 번 멈춘 적 없다

제2부

마음자리 풍경 1

一口

無無無無無無無無無無無無無無無無

無無無無無無無無無無無無無無無無

無無無無無無無無無無無無無無無無

無無無無無無無　　無無無無無無無

無無無無無無無　　無無無無無無無

無無無無無無無無無無無無無無無無

無無無無無無無無無無無無無無無無

無無無無無無無無無無無無無無無無

無無 無無

마음자리 풍경 2
—모래꽃 1

모래　　모래　　모래　　모래　　모래　　모래

모래　모래　모래　모래　모래　모래　모래　모래

모래 모래 모래 모래 모래 모래 모래 모래 모래

래모래모래모래모래모래모래모래모래모래모래모래모래모래

모래모래모래모래모래모래모래모래모래모래모래모래모래모

래모래모래모래모래모래모래모래모래모래모래모래모래모래
모래모래모래모래모래모래모래모래모래모래모래모래모래모
래모래모래모래모래모래모래모래모래모래모래모래모래모래
모래모래모래모래모래모래모래모래모래모래모래모래모래꽃

마음자리 풍경 3
—모래꽃 2

세상의 모든 꽃이 모래라면
세상의 모든 모래가 꽃이라면
하늘엔 비로소 참 무지개가 뜰 것이오

일백여덟 고비의 번뇌를
모두 풀어 넘는다 해도
꽃은 꽃대로 모래는 모래대로
제 빛깔로만 살아가는 세상이라면
하늘은 참으로 맑을 것이오마는
구름 뒤에 숨은 햇살은 언제 볼 게요

--꽃

모래모래모래모래모래모래모래모래모래모래모래모래

모래모래모래모래모래모래모래모래모래모래모래모래

모래모래모래모래모래모래모래모래모래모래모래모래

마음자리 풍경 4
—환청

잡
놈
아
한우물만파거라
한가지라도제대로하거라
철을알아야정승을하지
재주많은놈조석간데가없느니라
한가만이라도제대로해야밥이나오지

(45억년전에태어난우리별에빙하기간빙기가수도없이지나
더니빈들너머바위산에변함없이붉은해흰달이걸리고지금은
너와나의모양다르고빛깔다른세한도위로바람한점유유히지
나고있다)

한마리토끼만좇아야하느니라
열가지재주가진놈빌어처먹는다
나는죽자사자한가지만해서예까지왔노라
얼씬거리지말고길비켜라잡놈아

철좀들어라지금이어느땐줄아느냐

고

방

아

마음자리 풍경 5
—두레박

우물우물**두**우물우물

물우물우**레**물우물우

우물우물**박**우물우물

물우물우**두**물우물우

우물우물**레**우물우물

물우물우**박**물우물우

물우물우**두**물우물우

두레박두**레**박두레박

물우물우**박**물우물우

물우물우**두**우물우물

우물우물**레**물우물우

물우물우**박**우물우물

물우물우　 물우물우

물물물물물물물물물

물물물물물물물물물

물물물물물물물물물

우리들의 헛된 목마름이 골고다 언덕의 우물을 얼마나 더 목마르게 하는지 부다가야의 보리수 아래 수맥을 얼마나 숨 가쁘게 하는지 그대는 아시는가

마음자리 풍경 6
—꿈 연습

이승하직하는꿈을꾸었네훗날진짜로눈을감는그때에는대낮아닌자정지나축시쯤모두들깊고깊은잠에빠져있을무렵빛과어둠이한데뒤엉킨황홀에겨운마지막꿈을꾸겠네

꿈꿈꿈꿈꿈꿈꿈꿈꿈
꿈속에펼친하늘보고
꿈꿈꿈꿈꿈꿈꿈꿈꿈
꿈꿈꿈꿈**아**꿈꿈꿈꿈
꿈꿈꿈꿈**차**꿈꿈꿈꿈
꿈꿈꿈꿈**내**꿈꿈꿈꿈
꿈꿈꿈꿈**가**꿈꿈꿈꿈
꿈꿈꿈꿈**살**꿈꿈꿈꿈
꿈꿈꿈꿈**아**꿈꿈꿈꿈
꿈꿈꿈꿈**있**꿈꿈꿈꿈
꿈꿈꿈꿈**었**꿈꿈꿈꿈
꿈꿈꿈꿈**구**꿈꿈꿈꿈
꿈꿈꿈꿈**나**꿈꿈꿈꿈
꿈꿈꿈꿈꿈꿈꿈꿈꿈

마음자리 풍경 7

—구름비와 돌개바람

오늘 가고 내일 가고 십 년도 가겠지

백 년 지나고 천 년도 지나고 나면

너와 나의 사랑이 남아 여름날 구름비가 되고

푸르고 붉은 미움도 한 점씩 남을 텐데

가을 언덕을 넘는 외로운 돌개바람이 될까

마음자리 풍경 8
—신기루

나무나무나무나무나무나무나무나무나무나무나무나무
무나무나무나무**숲**무나무나무나무나무나무나무나무나
나무나무나무나무나무나무나무나무나무나무나무나무
무나무나무나무나무나무나무나무**을**무나무나무나무나
나무나무나무나무나무나무나무나무나무나무나무나무
무나무나무나무나무나무나무나무나무나무나무나무나
나무나무나무나무나**찾**나무나무나무나무나무나무나무
무나무나무나무나무나무나무나무나무나무나무나무나
나무나무나무나무나무나무나무나무나무나무나무나무
무나무나무나무나무나무나무나무나무나**아**나무나무나
나무나무나무나무나무나무나무나무나무나무나무나무
무나무나무**서**무나무나무나무나무나무나무나무나무나
나무나무나무나무나무나무나무나무나무나무나무나무
무나무나무나무나무나무나무나무나무나무나무나무나

기다림끝에솟는것은허공인가숲의신기루인가길고긴블랙홀
을빠져나와이제금다시찾아낸작은항구에닿은한그루나무는
마침내어울어사는숲에닻을내릴것인가너와내가마주서서뿜

어내는웃음과울음중어느것이더진정우리들의것인지숨어숨
쉬는숲이여그대가대답해주게

마음자리 풍경 9
—강물의 꿈

강물아 너는

흐르고 흘러서

영원으로

가거라

너의 물결을

베고 누워

우리도 함께

흐르고 흐르면

잠시 영원을

꿈꾸게 되리

아름다운

찰나의 꿈

마음자리 풍경 10
―어둠 내릴 때

종일 잔기침 앓던 장터 골목으로
돌개바람 굴러간다
날아가는 보르박스 한 장
뒤좇아 가는
윗동네 할매는
꺾인 허리 절반이
아직 땅에 붙잡혀
네 군데 모서리가 닳아빠진
마분지상자를 꼭 닮은 할매는
마지막 생존을 잡으러 간다
그녀의 손에 잡힌
보르박스 한 장
주름살 굽이만큼
길고 긴 생애
오늘은 하늘마저
숨죽이고 앉아서
노파의 걸음새를
지켜본다
갈라진 손바닥만 아직 따숩다

목숨 사이로 보이는 무지개

계절은 계절 뒤에서 밀고 오고
사철은 사철 앞에서 끌고 간다
꼬리가 머리를 물고 한 몸으로 오간다
겨울도 가을도 없고
여름도 봄도 없으니
그림자의 물레방아만 돌고 돌 뿐이다

움직이는 모든 허상들이
움직임 속에서만 존재하듯
움직이지 않는 모든 물상들은
무위의 들판에 뿌리내리고 서 있다

목숨과 목숨 사이로 보이는
하늘과 땅 사이로 보이는
우리들의 유채색 마음만이
투명한 윤곽 속에 살아있을 뿐

세월 밖에서 꽃은 핀다

향기는 벌나비를 위해 흩날릴 뿐
계절은 허공 위에 뜨고 지는데
그래도 무지개는 빛깔 참 곱다

이십일 세기 화초장

만물 가득한 고물상에 들를 때마다
몇 번씩 만지작거리던 아내가
마침내 자개장 하나를 사왔다

놀부 마누라도 아닌 주제에
너나없이 차가운 눈총만 쏘고 가는
아무리 시절을 잃어버린 퇴물이라도
값이 수월찮을 텐데 도대체 웬일일까

시집올 때는 말로만 듣던
놀부가 훔쳐 간 화초장인데
화초장 초화장 초장화
초장장 장장화 화화장

칠흑 어둠 사이로 자세히 살펴보니
연날리기 썰매타기 홍시 서리 줄행랑에
보리타작 김매기며 가마 타고 시집가기
사모관대 신랑은 조랑말을 탔다

은빛 금빛 조가비 세상은 눈부시다
하지만 눈부신 그 무엇보다
그녀의 짜디짠 주머니를 홀린 것은
한 치 앞도 보이지 않던 젊은 날
홍부 마누라가 떨구고 간 눈물자락이다

자화상
—창밖의 남자*

은혜로운 빛의 과다 노출이다 대낮의 도심 숲속에서 길을 잃고 헤매다니 원 참 모두 혀를 찬다 남자는 잡풀 더미에 얼굴을 베이고 발목은 수렁 아래로 곤두박질이다

박정한 세상에 그나마도 고마운 창문 안쪽의 식구들인데 여전히 그들의 창 밖에서 남자의 웃음소리는 투명한 유리 밀폐의 문틈으로 새어들지 못한다

시 그림자들이 각설이 춤을 추다가 마침내 울음을 터뜨린다 그림 그림자 글씨 그림자들이 한데 어우러져 뒤범벅인 채 비틀거리며 깨어진 창밖 유리에 얼비치더니

울긋불긋 살림살이를 매달고 희죽희죽 남루한 미소를 날리며 동네를 한 바퀴 휘돌아서 마을 어귀를 빠져나가는 남자에게 어른 아이 할 것 없이 웃음을 던진다

하늘에는 울긋불긋 도깨비 얼굴 방패연 하나 떠 있고 남자는 정든 동구 밖 유리창 너머로 이제 떠난다 울음소리를 삼키고

그림자조차 흔적 없이 지우고 이제 떠난다

*창밖의 남자: K고 재직 시 직장 동료들이 작자에게 붙여준 별명.

씨앗이 눈물에게

눈보라에도 꺾이지 않은
빛나는 씨앗 한 톨
어두운 땅속에서 움텄다

줄기에 잎들이 무성해지는 날
세상에서 가장 밝고 아름다운
꽃 한 송이 피어날 텐데

휘몰아치는 비바람 속에서도
여름 지나 가을 지나면
씨앗 한 톨 다시 뿌려야 할 텐데

어두운 땅속을 헤치고 기어이
기다리는 눈물과 만나야만 하는데
씨앗 혼자서만 속이 탄다

허공의 궁전

상량식 지난 어느 날
적막 흘러가는 뜰에 내려
문득 바라보니 달빛은
어둠에 젖은 시공을 비추다

저녁 이슬 머금어
수척해진 달무리 위에
하늘 모서리에 터를 잡고
방사형 동아줄로 기둥 세우고
아스라이 떠 있는 거미집 한 채

멀고 먼 시공을 돌아 돌아서
험난한 하룻밤 푸서리 길을
목숨으로 명줄을 엮어 엮어서
허허로운 공중 위에
달빛 거룩한 궁전 하나

제3부

도산서원 가는 길

그 길에서 혹시 보셨는지, 놓치지는 않으셨는가
모진 바람과 서리를 견뎌낸 청정한 솔숲 아래
아득한 절벽 하나 있다는 걸

대쪽 같은 후학 선비들
추상같은 퇴계 선생 어서어서 만나러
길을 재촉하는 통에
놓치고 지나갔을 그 한 모롱이에

한 백 년쯤 아니 오백 년쯤
이겨낸 풍우의 세월만큼 허리가 구부러진
노송들이 조아려 흠모하는 건
절벽 아래 천 년 푸른 강물이네만

주야장천 흐르는 저 강물은
무얼 바라 저리도 푸른지 생각해보았는가
하마 놓치지 말게나
대덕의 아득한 숨결 만나러 가는 길에

구름과 고양이

놈들은 야음의 투명한 벽을 날마다 넘나든다
때로는 달빛에 반짝이는 연미복을 차려입기도 한다
고향이 들인지 산인지 모를
얼룩이 덜룩이 검둥이 흰둥이라고 이름 붙인
껌백이란 놈의 자랑스런 샷기들은
거친 세상으로 나아가 먹잇감을 물고 오는 자들이다

놈들은 전원으로 도망쳐 온 나를 귀신같이 찾아온다
모처럼 달과 구름과 소나무를 데불고
제법 한가로이 숨쉬기를 하고 있어도
어느 틈에 소나무를 타고 구름을 헤집고 달에까지 올라와서는
어디서 본 적도 없는 가면을 들이밀기도 하고
묵은 한숨과 삭아버린 노여움의 불씨를 살리기도 하고
끝내는 가여운 생선가시들을 가득 남겨놓고는
다시 솔 그늘을 지나 구름 속으로 사라진다

놈들이 사라진 구름 너머 달빛 속으로 고개를 디밀어 보면
거기 낯익은 뱃가죽과 이목구비의

앙상한 뼈다귀들이 한 덩어리가 되어
웃다가 울다가 지쳐 잠들어버린
우리들의 살아있는 삼간초옥이 보인다
아니, 궁전이다 개똥밭에 굴러도
대낮에도 달빛 가득히 머금는
놈들과 나의 고향 산천이다

도시여 제발

나를 부르지 말게나
부끄러운 내 손을 이제 그만 놓아주게

써늘한 가슴을 쓸어내리며
째깍째깍 초침 소리에 맞춰
시대의 영묘한 부름에
단 한 번도 속 시원히 대답한 적 없는
세상의 빈틈없는 경영 전략에
눈치 빠른 박수 한번 쳐보지 못한

이 미련한 나를 용서하지 말게나
변두리 길거리로 몰아내도 괜찮네
아주 그냥 하늘나라 청소부나
용궁 문지기로 강등시켜도 괜찮지마는

속이 죄다 내비쳐 보이는 이웃들과
어여쁜 미물들이 다스리는 산골 아래
흰 강아지와 검정 고양이들이

국경을 굳게 지키는 나라에 살겠네
평생 흘린 식은땀을 씻어낼 때까지
도시여 제발
날 좀 그냥 내버려두게

두물머리 타령

두 강물은 흘러흘러 어디서 오는가
안개 깊은 풍악 지나 예까지 내려왔소
단양팔경 휘휘 돌아 숨차게 달려왔소
대명천지 해와 달이 그대들을 맞으리라
남북 강물—꼬꼬재배*

능내 사는 다산 선생 주례를 서고
동 정암산 바우 위에 초례청 차리면
서 운길산 운수대통 점괘를 받아 오게
남 검단 북 부용 제단에 연꽃 두 송이
두물머리—꼬꼬재배

억울하게 수몰된 미물이나 중생이나
떠내려간 억조창생 애달픈 목숨마다
깜빡이는 별 하나씩 가슴에 달아주고
청등 홍등 불 밝혀 두 물이 한 몸일세
천지음양—꼬꼬재배

>

두 물이 한 몸 되어 바다로 흘러가서
동 독도, 서 백령, 남 마라 손잡고
북 백두 곰바위에 우뚝 설 날 언제런가
생시나 꿈속이나 우리의 소원은 꼬꼬재배
우리의 소원은 꼬꼬재배

---

* 전통 혼례에서 신랑 신부가 맞절할 때 사회자가 하는 말.

만물상을 내려오며

하산하는 바위 벼랑길
돌아보며 또 돌아보며
당신을 이별하는 시간엔
돌개바람도 매서웠다

풍우에 깎인 석상인가
명암 없는 몸짓으로
'저게가 만물상이라요'
오래 묵은 빗장을 열어준
볼이 움푹 팬 북녘 병사가
나그네에게 건네준
핏덩이 같은 물 한 모금

달아오른 후두를 타고
차갑게 내려가다가
가슴팍으로 울컥 달려오던
뜨거운 누선 열두 가닥

말없이 보내는 이의 눈빛
돌아보니 어느새 흔적 없는데

모모*에게 부치는 편지

너의 눈동자를
깊이 들여다보면
내 전생이 보인다

현관과 미닫이와 여닫이와
열린 문과 닫힌 문들이 가로막은
종種과 종의 두꺼운 벽 너머
씨와 씨의 껍질 안쪽은
검은 머리 알타이 족속의 황색인과
검은 발톱 황색 터럭의 코코스페니얼
우리 둘 꼭 닮은 투명 갈색 눈동자가
겁을 넘어 오래오래 기다리던
윤회와 해탈의 막다른 골목에서

거룩한 수도승을 닮은 모모야
너의 어눌한 기도가
하늘에 닿고 있다

좋을 뽐내며 수줍어하며
두 영혼의 날개가 스쳐 부딪는 순간에
들고 있던 양날의 칼끝이
서로의 가슴을 깊이깊이 파고들어
이승에서는 한 번도 보지 못한
뜨거운 빛의 화살에 불타고 있다
녹아내리고 있다

---

*모모: 작자가 9년째 기르는 유기견.

부처님 헛기침 소리

금산사 오르는 시냇가길
이끼 두른 해탈교 지나
고요 깔린 절 마당 들어서려는데
요사채 뒤란 골짝으로 퍼지는
저녁 공양 푸른 연기
그 빛깔이 하도 고와
노송 숲을 저만큼 두고
냇물 따라 섶길에 드네

노을 젖은 추녀 끝 풍경 소리
부처님의 헛기침도 울려 나오고
길섶 따라 청정한 산 댓잎마다
하늘 가린 그윽한 수림도
오랜 가르침에 다소곳 길들었는데
사바의 등짐 진 나그네는
아름다운 번뇌에 이끌려
일주문 바깥을 맴도네

비단 집 한 채

온 세상 뒤흔드는 천둥 번개에
햇살 한 줌이 반가운 아침

동쪽 창문을 열다 말고
손가락이 멈칫했는데
창살과 창살 사이 한가운데 떠 있는
반투명의 작은 거미 한 마리

엊그제 알에서 깨어 나온 고놈은
천동지동 질펀한 온 밤새
비단 집 한 채를 잘도 지어놓았다

집을 키워 놈이 이사 갈 때까지
창문은 며칠 더 닫아두어야겠다

새벽 기차를 타고

어둠을 뚫고 달린다
줄줄이 등을 밝힌 새벽 열차가
한기를 가르고 간다

잠이 아직 깨이지 않은 열차는
댓바람에 제법 속도를 내지만
휑한 객석에 손님은 대여섯
모두가 눈을 감고
두 손을 간절히 모은 걸 보면
어젯밤 꿈속의 기도가
아직 끝나지 않았나 보다

종착역은 문산
멀지 않은 개성 피양 지나
신의주까지는 어림없어도
이름만은 경의선이라는데

모두가 눈을 꼭 감고

두 손을 간절히 모은 걸 보면
경의중앙선아 제발
이름값 좀 하거라
해묵은 꿈속의 기도가
더 오래 갈 모양이다

선암사 연등길

말없는 범종루
석탑은 머물라 하고
무지개다리 아래
고적한 물소리는

갈 길을 재촉하네

날은 저물고 하나 둘씩
연등이 켜지는 시각

땅거미 길동무 삼아
인생은 답사踏査 길인가

되돌이 윤회 길인가

낮은 발소리를 남기며
돌길을 내려오는데
봄 하늘이 속삭이기를

인연 짓기도 어렵지만
벗기는 더욱 어렵다네

안동에서 백범을 만나다

하회마을 안고 흐르는 강물
아름다운 저물녘엔
세월이 더 잘 보이더군
마을 밖 어느 골에서 하룻밤
푸새 내음 물씬 맡으며
새벽 나그네 길을 나섰네

첫 햇살 속에 추레한 고택 하나
옛날엔 힘깨나 썼음인가
때 절은 기둥들도 제법 우람한데
종택 푯말 앞마당에 잡초만 으쓱
흘러내린 기왓장 사이로
와송들만 소복이 섰다

힘줄만 앙상히 남은 마룻장 위에
액자 하나 오롯이 걸렸는데
희붉은 낙관 자세히 살펴보니
흰 백白 평범할 범凡일세

>

가본이냐 진본이냐 물을 것 없이
이런 퇴락 속에 선생이 계시다니
인심 쇠락인가 시절 쇠락인가 해도
어느새 찾아온 아침 햇살 안고
양볼 가득히 너털웃음 지으며
뚜벅뚜벅 걸어나오시데

자개농의 무지개

고물상에 들렀더니
항아리 요강단지 헌 문짝들이
야윈 손을 내민다
옛 장인들의 흐릿한 눈빛 사이로
무지개를 꿈꾸는
자개 문갑 한 쌍
그녀의 손을 슬쩍 잡았다

오래오래 세사에 시달려
더 또랑또랑해 보이는 무지개
너와 나의 손금이 비쳐 보이는
깜깜한 옻나무 그늘 아래서
끊음질* 한 땀 한 땀으로 엮은
소금기둥 하나

저녁 해는 언젠가
함지咸池**를 향해 떠나겠지만
칠흑의 하늘에도 무지개는

눈물 글썽이며 떠오를 테다

*끊음질: 조개껍질을 잘디잘게 끊어 붙이는 정교한 제작 기술의 하나.

**함지咸池: 옛사람들이 해가 진다고 믿었던 서쪽의 못.

짝사랑

평생 한 여자만을 사랑했네 하고 중얼거리자
세상의 온갖 새들이 웃고 지나가더군

뜨겁게 내려 쌓이던 지난날의 햇살들
아직도 식지 않은 채 먼지로 쌓인 별빛들
내 품 안에 잠시 안겼던 여인들과
마음에 잠시 나를 품었던 여인들이
교차로에서 서로 몰라보며 지나가고
오방색으로 알록달록 치장한 그림자들이
다시 연기가 되어 날아가 버린 오후

한 여자만을 사랑하고 싶었네 하고 내뱉자
이번엔 아무도 웃지 않았네

노상 덜 익은 먹 냄새에 젖어 살며
낡은 동화 속 요술 빗자루를 꼭 닮은
비루먹은 붓 한 자루를 지즐 타고
노을 젖은 허공을 외로이 날던 어느 날

온기 있는 등짝을 문득 더듬어보니
평생 짝사랑하던 그 여자의 두 팔이
내 허리를 질끈 동여매고 있지 뭔가

발그란 초승달이 서산에 걸터앉아
눈으로만 웃고 있었네

촌놈의 종로 나들이

양서면 국수리에서 잔치국수 한 그릇으로 점심을 챙기고 경의중앙선 전철을 타면 남한강이 누워서 느긋하게 무명수건을 흔들지 쇠바퀴 덜그럭 소리가 한 음표 오르는 터널은 왠지 들뜬 목소린데 질펀한 연잎들 수런거리는 두물머리 지나 팔당 덕소까지는 한 걸음일세

구리 지나 경기도는 언제 지났나 망자들의 망우 언덕도 땅밑으로 지나고 마침내 서울 인총에 밀리며 회기역에서 갈아타면 홍인문 주춧돌을 스쳐 만지며 종로3가역에 내리지 회색 보도블록 깔린 거리에는 어느새 땅거미가 어른거리는데 오직 몸하나에 닳아빠진 사랑 하나로 굳세게 살던 골목쟁이 그 옛날 여인네들은 합죽이 할멈이 되거나 먼지가 되어 흩어지고 그때 그 할아범들은 아직도 탑골공원 담벼락에 기대앉아 공짜 점심을 기다리네

종로통은 진작부터 조명발 받은 왁자한 발자국 소리에 묻혔지 뭔가 한류문화 예술발전소 인사동 굴뚝에서는 국적 지워진 오색 연기가 뿜어 나오고 거룩한 인사동 지나 익선동 먹자골목

으로 들어서면 삼면 바다 먼 길을 건너온 생선들과 팔도를 기어온 도야지 누렁소가 마침내 승천하는 낭만의 푸른 연기 속에서 조문객들은 자리를 다투며 경건히 술잔을 따르지

우리는 늘상 그리운 사람 냄새라며 코를 찡긋거리곤 잠시 막걸리 두어 잔을 비우든지 더 자주는 주머니 속에서 지폐 한 장을 만지작거리며 바쁜 척 그냥 지나가네 곧이어 적막이 찾아오면 도시의 견고한 성벽에 경의를 표하며 보신각 낮은 종소리는 밤 깊도록 골목길을 배회할 걸세

양평 연가

푸르른 강물이 불러서 왔노라
주홍빛 아침놀이 너무 고와서
외로운 나그네 발길 머문 곳
북한강 남한강 두물머리 건너서
굽이진 강변길 돌고 돌아서
꿈에도 생시에도 그리던 그곳

푸근한 인정이 불러서 왔노라
은행잎 흩날리는 하늘 끝에
청춘 시절은 저만큼 떠 있고
흘러만 간다 금빛 노을을 따라
미움과 아쉬움과 서러움마저
구름 실은 물결에 떠나보내리

한강에 살다

물속에 산山 그림자
산속에 사람 그림자

꿈 밖인지
생시 바깥인지
물결도 흘러
세상도 흘러

가슴에 적막이 넘치도록
울음으로 번다를 건너
꿈으로 생시를 낚아서
달빛 아래 돌아오다

제4부

도둑이 훔쳐간 구름

나부끼는 오감의 옷자락을 붙잡고
당신은 지금 어디쯤 가고 있나
무얼 그리 훔쳐보고 싶은가
목마른 그대가 찾고 있는 건
육신의 한 모금 샘물인가

달빛에 젖은 그녀의 몸뚱어리사
망막의 호수에 잠깐 비친
풀과 나무와 바람의 조합이거나
눈물과 웃음의 껍질 아니겠나

우리가 걷고 있는 강가 어디쯤
노을이 씻고 간 구름 한 점
찬 이슬과 소낙비에 젖다가
천년 뒤에라도 기어이
바람의 당신에게로 돌아가서는
초승달로 떠 있을 그녀의 마음
도둑처럼 훔쳐보고 싶은 겐가

안개 나무

물 한 방울 길어 올리는 데 꼬박 하루가 걸리고 한 사발로 목을 축이는 데 물경 일 년이 걸리는 사막 한가운데 나무 한 그루가 살고 있습니다

온 누리 구석구석을 헤매어 달리는 뿌리는 나날이 밤새워 벋어가 백 리를 기어가고 가지들은 수백 리 수액樹液 길과 문을 닫아걸었습니다

안개를 먹고 자라는 수천수만의 잎사귀들은 어쨌냐구요? 당연히 밤낮으로 하늘을 향해 경건한 기도를 올렸지요 변덕스럽고 극성맞은 이번 우기에도 소나기 한번 내리지 않았지만

멀리서 북회귀선까지 올라갔다가 다시 적도로 내려가는 천둥에게 구름 몇 점이 손짓하고 있을 뿐, 흙먼지 머금은 안개만이 뜨거운 햇살에 현기증을 앓고 있을 뿐, 줄기와 잎들은 서로 부둥켜안고 허공을 향해 끊임없이 자맥질하고 있을 뿐입니다

구름이여 깊고 깊은 기압의 골짜기여 펄럭이는 당신의 희고

검은 옷자락 아래 소나기 그 신기루의 맨몸뚱이를 보여다오 그대의 눈부신 비단 살결을 베고 누워 나무는 그제야 눈감으리 그러나

쓰러지지 말라 스러지지도 말라 세상을 온통 휘감는 노을빛 장삼자락이 천둥소리와 벼락을 데불고 나타날 다음 우기까지는

신호음의 전설

우주 너머 수 광년의 미리내를 사뿐히 건너와서
만상을 조물하는 당신의 가슴 주파수는
우리들의 하늘과 땅 어느 곳에 와 닿는 것이냐

손바닥에는 벌레들의 첫 숨소리와 새들의 날개 파동마저 낱낱이 묻어 있지만
눈은 지평선 위에 수직으로 머물며 생명들에게는 한사코 흰 손수건을 흔드는
해의 동쪽 달의 서쪽까지 빈틈없이 주시하며 때도 없이 회오리를 일으키는

그대가 누구인지 아무도 대답하지 않는다
아무것도 볼 수 없고 아무것도 들을 수 없어도
지상에 없는 신호가 천상을 지나 사바의 노을을 건너온다

이 세상 어디서도 태어난 적 없기에 세상 어느 곳에도 묘비가 없지만
무덤 위에 다시 묻히고 흙 속에서 파란 풀로 다시 태어나는

우리들은

당신의 얼굴과 우리들의 얼굴이 닮은꼴이었다는 전설을 믿고

흉중에 걸린 무거운 물음표를 단 한 번 영구히 매장하고 싶을 뿐

다음 봄엔 세상에 다시없는 고요의 꽃 한 송이 피어날 수 있을까

수 광년 밖에서 오는 신호 하나가 당신의 주파수를 닮았다 한다

우주를 향하여 바다 부르기

깜깜한 무한 공중에서 바람이 불어온다
푸른 살별 지나간 망망한 우주 밖으로
별빛 도려낸 시야는 모두 어둠에 갇혀 있다
인광 번뜩이며 해안선들이 침몰하기 시작한다

우리 일행은 언제 어디서부터 오고 있었던가
그 가느다란 목숨의 한쪽 끝이 보이지 않는
길고 긴 꼬리에는 차가운 불꽃 다발이 매달려 있고
숨겨진 전설의 해로가 보이지 않는다
한쪽에서는 울긋불긋 화장한 주간지 다발이 외친다
육로에는 환호하는 인총이 넘치지 않더냐고
모두들 어둠에 떠밀려 거품 속으로 빠지며 빠지며
거품은 백년 무지개 속에서 천년을 꿈꾼다

꺾이고 휘어진 채 흔들리는 땅 위에서는
일행 중 어느 누구도 서로 얼굴을 아는 이 없다
천 갈래 만 갈래로 갈라지는 지상에서
이름 석 자끼리 그저 허공에 매달려 버둥거릴 뿐

우주 너머로 망명한 바다의 이름
아무리 노 저어도 우주의 바다로는 가닿지 못한다
부르기만 할 뿐 아무도 듣지 않는 바다
파도도 바람도 해안에 와 울지 않는 바다가 있다

사진 속 당신에게

당신은 한 번도 몸을 돌려 세운 적 없다
깊은 하늘 속 흰 구름이 배경인 그의 사진은
웃음도 눈물도 보인 적 없다

꿈 속에서는 가끔씩 꿈 밖으로 나온다
부옇게 안개에 지워진 먼 산을 바라보다가
가물거리다가 바람기둥에 설핏 기대어
서릿발 맺힌 세월의 이마를 쓸어 올린다

사진 속으로 다시 들어간 백발의 사내는 멈춰 버린 차가운 렌즈의 기억을 떠올린다 그는 빛바랜 과거였다가 찢어진 현재였다가 끝내는 불에 타 한 줌 재가 돼버린 자신의 그림자를 찾아 헤맨다

어제는 흰 두루마기 날리며 떠나는 그대를 배웅하지 못했으나
내일은 먼지로 돌아올 당신을 위해 젖은 미소를 예비해두리라
그러니 사진아 제발 날 놓아다오
흐린 그림자들아 제발 이제 손목을 놓아다오

우주에서 온 편지

—기하학의 화가 K*에게

창살무늬를 스치며 먼 우주로부터 신호가 온다
모처럼 아주 모처럼 오늘밤엔
신호를 해독한 달이 편지 읽어 내리는 소릴 듣는다

불과 얼음이 뜨거운 혼례를 치렀다 수평 수직이 무한으로 팽창하는 격자무늬 속으로 들어간 사람들은 너나할 것 없이 그림자를 잃었다 각기 주둥이를 좁게 넓게 벌리고 있는 입방체 속으로 빨려들어 가 혀를 뽑히고 출구를 잃고 아직 헤매고 있다

기하학의 손바닥에서는 난데없이 흰 비둘기가 날아오르고
색종이들이 유성우의 폭포가 되었다가 다시 분수가 된다 비
단실로 여며놓은 선과 면과 입방체의 얼음덩이를 뚫고
솟아오르는 건 뜻밖에도 당신의 불타는 가슴이다

무한 연속과 반복의 중얼거림 끝에서 해체된 격자무늬들이
잃어버린 그림자들이 끝내 구속의 너울을 벗을 수 있을까
당신은 여전히 불과 얼음을 한 손에 가두고 있다

---

*K: 김재관 화백, 현재 청주 쉐마미술관장.

사는 법 문답
—문효치 시인

목숨들이 서로 부대껴
맵도록 찌는 여름날
백제의 시인을 만났다

석탄 연기 가득한 터널은 길었다 어둡고 멀었다 앙상한 뼈마디로 휘청거리며 동굴을 빠져나온 알락귀뚜라미는 각시붓꽃의 볼을 어루만지며 공산성의 들꽃에게로 가서 초야를 치루었다 부처를 꿈꾸는 모시나비는 죽음을 벗 삼아 공중에 노닐다가 백마강 달빛 속으로 뛰어들더니 밤 깊을수록 더욱 빛나는 강물되어 출렁거린다

살아남았다는 이 즐거움
불꽃이 펙펙 튀는
생사가판밖에 더는 없네
이것저것 욕심 부리다가
뒤돌아보니 천지사방에
눈 흘김이 가득하더군요
잡놈은 어때요

괴물이면 좋기는 더 좋지
물음표만 잔뜩 매어달고
프로메테우스의 쇠사슬을 끌며
제우스의 등 뒤로
잠적하면 어때요
전설처럼 잊히겠구먼

연바람 불어라
—소정 화백에게

돌아보면 세상은 모두가 바람입니다
고요 끝에서 한없이 잔잔하다가도
사납게 삶의 옷자락을 흔들어대지요

가슴 뿌리까지 서럽게
울음 밑바닥까지 써늘하게 그러나
우리는 모두 하나씩
거울 속 투명한 바람이기에
바람의 거울을 깨트리지 않습니다
곱게 빗어 하늘에 올립니다

연이 바람이고 바람이 우리가 되는
하늘 푸른 세상에 닿기만 하면
울긋불긋 무늬는 달라도
우리는 함께 하늘에 떠 있습니다
질긴 명주실 한 가닥을 굳게굳게
땅의 가슴에 매어두고서 말입니다

달팽이의 꿈

세상 무게를 온몸에 싣고
달리는 오직 달리는
달팽이 한 마리

고놈의 꿈속에는

세상 온갖 무지개들의
가볍고 오직 가벼운
지붕 하나 눌러쓴

천근만근 바위 하나

너더리*의 신화
—김범수에게

청계를 흘러내린 냇물이
세월에 삭은 너더리를 건너서
판교에 도달해서는
장딴지가 굵어졌다

종가를 지키던 울 할머니 한숨이
황토 먼지 날리는 언덕을 내려와
폐가 봉당 모서리에 쌓이더니만
끝내는 고속도로에 묻혀버리더니만

폐허 위에 세상은 다시 뜨고
판교테크노밸리로 다시 떠오르고
청계산 물로 멱 감던 옛 소년 대신에
참으로 튼튼한 팔뚝으로 자라서
카카오톡으로 세상을 덮는 사내

어리석은 물신들을 카톡으로 깨쳐
마침내 청계의 찬물이 다시 흐르겠고나

수몰의 고향 산천이 얼굴 씻고 나오겠고나

---

*너더리: 경기도 성남시 판교의 옛 이름. 작자의 옛 고향.

즐거운 투정

한 가지만 하라고요?
한 군데만 보고 어찌 살란 말이오
곁눈질도 비틀거림도 없이 살라니
어찌 가능이나 하겠소
길이란 길들이 모두 열려 있고
하늘과 땅은 가이없는데
조물하신 한울님 뜻을 어찌
못 들은 체 못 본 체하란 말이오
출세라는 시쳇말로나
연민의 눈초리로 쳐다보지 마시오
한쪽 눈을 가린 말처럼 나는
가련하지도 미련하지도 않소
끝 모를 행렬 속의 한 마리
병정개미처럼 무뇌하지도 않소
수도원 뒤뜰을 거니는
수도사처럼 강파르지는 못하오만
때로 차면 넘치고 모자라면
바닥을 드러내는 냇물일 뿐

일기예보를 벗어난 빗줄기처럼 나는
가볍고 즐거울 뿐이오
남들이사 이 몸이 슬픈 달팽이처럼
몸이 무거워 보인대도
이냥 이 걸음새로 지상에서 천상까지
흐르고 싶을 뿐이란 말이오

말없음표 하나

반환점을 돌아오니
이제사 보이기 시작한다

누구나 일생에 단 한 번
가슴과 등에 번호판을 펄럭이면서
무너질 듯 허공 속을 달리다가
떠난 자리로 다시 돌아오며
비틀거리는 발자국으로만 남을 뿐
거친 숨소리로만 말할 뿐
무릎 꿇고 오래오래 땅에 입 맞추며

발자국은 피멍에 젖어 있다
혈흔 사이로 보이는 먹구름과 꽃구름
눈물에 젖은 꿀맛 보리밥과
빵부스러기의 무지개 너머로
다시 휘청거리는 오후의 햇살

트랙 위를 질러가는 노을 한 줄기는

눈물에게서 배운 미소를 머금고 있다
미리내 흐르는 우주 밖으로
말없음표 하나 날아가고

숨어 있는 그대 눈빛

때로는 잠을 잊고 찾아 헤맨다
더러는 우리들의 까끌까끌한 혓바닥 밑에
숨어 있는 그대 눈빛과 마주치면서도
캄캄한 밤을 편히 지낼 수 있는 까닭은

포악 무비한 그대 미각을 잠시 망각한 채
벌과 나비와 꽃들의 가면무도회 그날에도
공중으로 솟구쳐 뭉게구름으로
피어날 수 있는 까닭은

그대가 우리들 가까이 아주 가까이
가벼이 아주 가벼이 한 몸이기 때문인가
있고 없음 유채 무채를 모두 휩쓸어
마침내는 새하얀 어둠에 이르는
그대 손길이 악어의 눈빛처럼
일순 편안하기 때문인가

그러나 무엇보담도

떨리는 목숨줄을 가까스로 움켜쥐고서도
죽음 저편의 그대 적요한 그림자가
각골토록 그립기 때문이다

오디오와 육이오

백발이 성성한 독수리 두 마리
눈이 침침한 채로 둥지를 지키고 있다

꿈자리 어수선한 수리들의 잠 속에는
이승인지 저승인지 분간 모를 순간
낯익은 멜로디가 보오얀 안개를 피워 올린다

육이오의 버튼을 누르니
오디오 채널이 뜬다

—바이올린 협주곡 3번 2악장의 숲속을 지나서
—
—목청 좋은 소프라노가 소나기로 들길을 달리고
—
—라흐마니노프 교향곡 2번 3악장은 달콤한 샘물이다

왜 하필 오디오 리모컨에서 육이오를 누르면
온갖 상처와 진물과 흉터까지 소거해버린

천상의 풍악 소리가 불려 나오나
꿈인지 생시인지 아직도 믿기지 않는데
왜 이렇게도 아름다운 맨살로 불려 나오나

사랑의 불씨를 살리려거든

길바닥에 버려진 저녁놀 한 잎처럼 그대 사랑이 불쌍해 보이는 날이 오거든 쾌속으로 공회전하는 하늘을 향해 야 이놈 얼굴도 없는 사랑아 하고 목 터지게 불러보아라

끝내 대답이 없거든 기지개와 하품들을 불러 모아 후미진 가슴 울타리 빨랫줄에 널어놓고 재 넘는 모시바람이 찬 이슬로 맺힐 때까지 끈덕지게 기다리고 볼 일이다

혹시라도 밑바닥의 저 해묵은 정념의 부스럼딱지마저 굳이 사랑이라고 말하고 싶거든 열두 쌍 늑골이 휘청하도록 우선 재채기에 실어 냅다 뽑아버린 다음

칠흑 밤하늘 끝에서 난생처음 돋아나는 초신성의 살아있는 눈빛이거나 심해의 고압을 견뎌낸 삼천 년 갈고닦은 사금파리 한 조각을 맨가슴에 벅벅 문지를 일이다

팔당의 어느 봄날

—육이오때양수리전투에참가했다는십촌형님은파도대신에무명바지저고리떼가하얗게떠가더라며몸서리를쳤다

우 검단산
좌 예봉산
가운데로 열린 하늘

남 들판 북 협곡
두 물길 쓸어내리다
흉중의 멍울이 손에 잡혀
잠들지 못하는 두물머리

어룽어룽 눈물 감추며
수양버들도 온몸을 흔드는데
시절의 길목을 지키고 섰는 팔당은
속울음 감추고 웃으며 웃으며
쓰디쓴 입맛 씻으며
씻으며 흐르는구나

해설

물속의 산山 그림자, 산속의 사람 그림자

송희복 문학평론가

1.

윤고방 선생은 시서화에 능한 분이다. 조선시대 같으면 삼절三絶이라고 부르면서 귀하게 여겼을 다재, 다예한 분이다. 시인묵객이면서 또 화공畵工 내지는 화사畵師의 경지에 이른 분으로는 근현대에 이르러 초정 김상옥 선생밖에는 없었던 것으로 기억된다.

윤 선생은 이번에 『쓰나미의 빛』이라는 표제의 시집을 상목하였다.

나는 최근에 윤 선생과의 몇 번의 소중한 만남의 기회를 가졌었고, 이것이 인연이 되어 시집의 해설을 부치게 되었다. 그의 시세계는 독특함이랄까, 독창성이랄까 하는 요소들이 적지 않다. 특히 그는 서화에 깊은 조예를 가진 분이라서 시 자체가 조형적인 느낌과 이미지를 많이 드러내고 있었다.

2.

2011년 3월 11일, 후쿠시마에 원전 사고가 일어난 후, 체르노빌과 후쿠시마를 연결하는 '반反원전'의 문학적인 장르화로의 움직임이 급부상하기에 이르렀다. 주지하는 사실이지만, 현대사회는 원전이나 핵의 위험성이 엄존하는 사회다. 1945년의 히로시마, 1995년의 체르노빌, 2011년의 후쿠시마라는 일련의 과정은 핵을 보유하는 사회의 모순과 위험성과 반反인간성에 대한 인간의 각성과 성찰을 불러일으켜 왔다. 지금의 다문화적인 문학은 국경 너머의 연대의식을 고취하게 하는 반원전의 문학이 가장 큰 설득력과 호소력을 가진다.

체르노빌의 비극을 문학의 장으로 이끌고 온 작가 스베틀리나 알렉시예비치는 2015년에 노벨문학상을 수상했다. 르포르타주 작가를 노벨상 수상 작가로 선정한 것도 매우 이례적이다. 스베틀리나 알렉시예비치의 기록문학인 『체르노빌의 목소리』(개정판: 2008)는 최근에 부상하고 있는 반원전 문학의 시작을 알리는 징표가 아닌가 한다. 승려이면서 소설가인 겐유 소큐가 후쿠시마의 원전 재앙을 성찰한 소설집 『빛의 산(光の山)』(2014), 추리작가 김성종의 단편소설 「달맞이 언덕의 안개」(2016), 환경

적인 인재人災의 각성을 촉구한 최근의 재난 영화 〈판도라〉(2015)는 반원전 문학의 의미 있는 텍스트라고 하겠다. 이 작품군은 '원자력 시대로부터의 탈각'을 지향하고 있다.

시인 윤고방은 새로 간행된 시집에 연작시 「쓰나미의 빛」을 담고 있다. 연작시 열다섯 편이 낱낱의 시편으로 짜여 이어지고 있다. 이 연작시 역시, 나는 반원전 문학의 의미 있는 텍스트라고 생각한다. 다문화성과 무국적성을 지향하고 있는 이 시대에, 월경越境의 연대감으로 엮인 문학의 한 성취를 여기에서 바라본다.

2011년 3월 11일을 기억하시는가
세상의 고요가 비명의 목청을 깨고 나오던 시각
거친 숨소리가 심해 절벽 갈라진 틈바구니에서
불덩이 잿덩이 바람덩이를 한데 휘몰아
검붉은 어둠 속에서 더욱 빛나던 시각

뼛속깊은데서부터오래오래대륙의향내를탐하며천지사
방으로발기한햇살꿰어들고달리는섬하나있다굶주린신
풍神風에갈기세운깃발이다

땅 끝까지 바다 끝까지 울려 퍼지는
수궁 악사들 구성진 너울의 장엄한 흐느낌 속에서
환태평양 불의 고리를 꿰어 든 알몸뚱이가 꿈틀거린다

얼굴 불콰한 마그마, 만취의 춤사위가 일렁거린다

가구라*탈뒤에숨은웃음이빠안히보이는데마침내는천지
사방에순백의피강물흐르게할그대는결코지울수없는쓰
나미의깃발인것이냐

—「쓰나미의 빛 1—깃발」 전문

인용한 시편 「쓰나미의 빛 1—깃발」은 후쿠시마에 있었던 2011년 3월의 원전 사고의 정황을 비교적 객관적으로 묘파해 내고 있다. 시인이 물론 그때의 재난 상황을 목격하지 않았을 것이지만, 상상력을 동원한 실감 있는 필치로 묘사의 핍진성逼眞性을 극대화하고 있다. 지진 해일은 일본어인 '쓰나미'로 확실히 자리를 잡고 있다. 공인된 국제어라고 할까? 어쨌든 이로 인한 원전 사고의 바닷가는 그 이후 어떤 모습으로 변하였을까? 변화의 한 상징은 소위 '두부하우스'라는 말에서 찾을 수 있을 것이다. 이 두부하우스는 후쿠시마의 지진 해일이 휩쓸고 지나간 이후의 새로운 모습이다.

동일본 대지진의 그날
하늘이 먼저 새까맣게 밀려왔지
일곱 해가 지난 지금
파도는 검은 너울을 벗었지만
후쿠시마엔 아직도

버섯구름의 망령이 바다 위를 떠도네

강보에 싸여 피란길에 올랐던 아이들은
자라서 이제 노래를 부른다
두부하우스 두부하우스

하얀색 페인트에 네모 반듯반듯한
생활도 네모 생각도 네모라며
지금은 정든 우리들의 집
고달픈 피난살이 골목길 끝에
아이들은 자라서 노랠 부르네

어른들의 하늘은 오늘도 낯빛을 바꾸는데
바다는 혼몽한 쓰나미의 꿈을 베고 누웠는데
아이들은 철모르고 노랠 부르네
철모르는 아이들만 다시 살아나고 있네
두부를 닮은 정든 우리 집
두부하우스 두부하우스

—「쓰나미의 빛 6—부활」 전문

어느 날 갑자기, 바닷가 마을은 폐허로 변했고, 이 바닷가 마을의 주민들은 삶의 보금자리를 잃었다. (어디 그뿐이랴. 배움의 터전인 학교도, 생업의 도구인 선박도 자연의 재난에 빼앗

졌다.) 인용한 시편 「쓰나미의 빛 6—부활」은 이른바 '두부하우스'를 노래한 시다. 두부하우스는 두부집이라고 할 수 있다. 두부를 파는 집이거나, 두부를 소재로 한 음식점이거나 하는 것 말이다. 하지만 여기에서 말하는 두부하우스란, 2011년 3월에 지진 해일이 몰고 온 이후에 후쿠시마 난민들을 위해 마련된 가설 주택이다. 하얗고 네모난 두부를 닮은 이 가설 주택은 일종의 수용소와도 같다.

후쿠시마 난민들이 사는 마을의 아이들과 지리산에 사는 우리 아이들 사이에 교류가 있었다. 후쿠시마의 한 아이가 두부하우스에 관한 동시를 쓰고, 지리산에서 살아가는 동요 작곡가인 한치영 씨가 이를 작곡했다고 한다. 작곡한 곡을 부르는 공연도 가졌다. 이 이야기는 2016년 9월 17일에 방송된 KBS의 특집 다큐 〈두부하우스—후쿠시마에 산다는 것은〉에 잘 소개되기도 했다. 이 방송에서 우리에게 남긴 것의 가장 중요한 얘깃거리는 예사롭지 않은 여운을 남기고 있다. 그것은 방사능 오염을 의심하는 사람들의, 난민에 대한 차별적인 시선이라고 한다.

뽀얗게 우러난 오리탕 국물이
환상의 미각으로 끓고 있을 때
에이아이는 공중 가득히
화살비로 내려와 깃털마다 꽂히고

생불고기 한 덩이가
푸른 연기를 펄럭이며 타오르고 있을 때
축생들의 짓무른 발굽을 주저앉히며
적막한 성호를 그어대는 구제역

촛불이 광장을 휘감고 있다
깃발들이 거리를 덮고 있다
초침은 멈춰 선 채 졸고 있는데
자정의 바늘이 가리키는 곳은 어디인가

그대는
빛나는 주검 위에
혹은 생시의 꽃잎에
쏟아져 내리는 빛의 갈채인가
진정으로 맑은 눈물 한 줄기 솟아나는 곳은

—「쓰나미의 빛 14—자정의 시곗바늘」 전문

연작시 「쓰나미의 빛」은 일본의 일에만 국한되지 않는다. 2016년에 있었던 한국의 시대 상황과도 맞물린다. 이 해의 막바지에 광풍처럼 몰고 왔던 구제역과 광장의 촛불은 자연 생태계의 평형을 교란한 것이며, 인간들의 비민주적인 욕망 증식에 대한 정치적인 분노로 표출된 것이다. 교란의 지진 해일과 민주화의 큰 쓰나미는 서로 대조되는 것 같아도 궁극에 있어선

비교된다. 시인의 상상력 촉수는 이처럼 월경의 연대감 형성 및 결속에까지 미친다.

연작시 「쓰나미의 빛」은 심야의 공포 드라마와 같은 삿된 악몽인 동시에, 앞으로 사람이 사람답게 살아가야 할 소중한 교훈이요, 삶의 반듯한 목록인 것이다. 우리나라의 문단이 국제적으로 반핵—반원전의 무풍지대처럼 인식되어선 안 되리라고 본다. 하물며 우리 한반도야말로 북핵北核의 피해 가능성이 가장 직접적으로 노출되어 있는 위험 지대가 아니랴.

3.

윤고방 시인의 연작시 「쓰나미의 빛」은 공적인 담화의 성격을 지닌다. 이 시가 추구하는 가치가 많은 사람이 공명하는 공익의 가치와 무관하지 않아서다. 이번에 상재한 시집의 내용 중에서 비록 수량 면에서 적지만 의미의 선명도에 있어서는 압도하는 감이 있다. 반면에, 이 연작시 외의 시편들은 사사로운 감회의 성격을 지향하고 있다. 뭐랄까? 서정시의 본질에 한껏 다가서고 있다고나 할까? 논리적이거나 문명비판적인 시인 의식의 소산인 '쓰나미'로 인해 못다 한 서정적 자아의 강렬한 시심詩心의 불꽃, 순간적인 정조情調의 불꽃과도 같은 것이 '쓰나미'의 바깥에서 배회하고 있는 것이다.

평생 한 여자만을 사랑했네 하고 중얼거리자
세상의 온갖 새들이 웃고 지나가더군

뜨겁게 내려 쌓이던 지난날의 햇살들
아직도 식지 않은 채 먼지로 쌓인 별빛들
내 품 안에 잠시 안겼던 여인들과
마음에 잠시 나를 품었던 여인들이
교차로에서 서로 몰라보며 지나가고
오방색으로 알록달록 치장한 그림자들이
다시 연기가 되어 날아가 버린 오후

한 여자만을 사랑하고 싶었네 하고 내뱉자
이번엔 아무도 웃지 않았네

노상 덜 익은 먹 냄새에 젖어 살며
낡은 동화 속 요술 빗자루를 꼭 닮은
비루먹은 붓 한 자루를 지즐 타고
노을 젖은 허공을 외로이 날던 어느 날
온기 있는 등짝을 문득 더듬어보니
평생 짝사랑하던 그 여자의 두 팔이
내 허리를 질끈 동여매고 있지 뭔가

발그란 초승달이 서산에 걸터앉아

눈으로만 웃고 있었네

—「짝사랑」 전문

이 시는 매우 재미있게 읽히는 시다. 비평가가 시를 읽을 때 꼭 분석하고 싶은 생각에 사로잡히는 것이 비평가의 병통이라고 굳이 말할 수 있겠는데, 이 시는 음미하고 싶은 시, 한 번쯤은 외우고 싶은 시라는 느낌이 물씬 풍기고 있는 시라고 하겠다. 여인과 여인들. 여인들 가운데에서도 여인들의 여인, 딱 한 사람 짝사랑한 여인이 사람이 살아가면서 추구하고 싶은 꼭 하나만의 가치가 아닐까? 사람마다 그 가치를 위해 살아가리라.

물속에 산山 그림자
산속에 사람 그림자

꿈 밖인지
생시 바깥인지
물결도 흘러
세상도 흘러

가슴에 적막이 넘치도록
울음으로 번다를 건너
꿈으로 생시를 낚아서
달빛 아래 돌아오다

—「한강에 살다」 전문

윤고방 시인의 특징 하나는 선취적禪趣的인 시의 경향을 적잖이 드러내고 있다는 데 있다. 여기에 인용한 시편 「한강에 살다」도 이러한 컬러의 시라고 하겠다. 동양권에서는 문화적으로 볼 때 서정시의 문학성 깊이를 더해주는 데 크게 기여해 왔던 경향이라고 할 수 있다. 서양의 서정시인 가운데서도 가장 앞선 위치에 놓인 현대 시인들, 예컨대 옥타비오 파스나 게리 스나이더니 하는 시인들도 선취적인 수사修辭를 적잖이 구사하지 않았던가? 사물의 경계가 사라진 곳에 패러독스(역설)의 불꽃을 피운다. 꿈으로 생시를 낚는다는 예사롭지 아니한 표현이 바로 그것이 아니겠나.

물 한 방울 길어 올리는 데 꼬박 하루가 걸리고 한 사발로 목을 축이는 데 물경 일 년이 걸리는 사막 한가운데 나무 한 그루가 살고 있습니다

온 누리 구석구석을 헤매어 달리는 뿌리는 나날이 밤새워 벋어가 백 리를 기어가고 가지들은 수백 리 수액樹液 길과 문을 닫아걸었습니다

안개를 먹고 자라는 수천수만의 잎사귀들은 어쨌냐구요? 당연히 밤낮으로 하늘을 향해 경건한 기도를 올렸지요 변덕

스럽고 극성맞은 이번 우기에도 소나기 한번 내리지 않았지
만

멀리서 북회귀선까지 올라갔다가 다시 적도로 내려가는
천둥에게 구름 몇 점이 손짓하고 있을 뿐, 흙먼지 머금은 안
개만이 뜨거운 햇살에 현기증을 앓고 있을 뿐, 줄기와 잎들
은 서로 부둥켜안고 허공을 향해 끊임없이 자맥질하고 있을
뿐입니다

구름이여 깊고 깊은 기압의 골짜기여 펄럭이는 당신의
희고 검은 옷자락 아래 소나기 그 신기루의 맨몸뚱이를 보
여다오 그대의 눈부신 비단 살결을 베고 누워 나무는 그제
야 눈감으리 그러나

쓰러지지 말라 스러지지도 말라 세상을 온통 휘감는 노
을빛 장삼자락이 천둥소리와 벼락을 데불고 나타날 다음 우
기까지는

—「안개 나무」 전문

인용한 시편 「안개 나무」의 제재는 안개나무를 말하는 것이지, 안개의 나무를 말하는 것인지 잘 알 수 없다. 고유명사이면 안개나무라고 해야 하는데 안개 나무라고 띄어쓰기를 했으니 후자인지도 모르겠다. 어쨌거나 안개 나무는 여기에서 생명의

나무를 은유하고 있다. 끈질긴 생명력의 왕성함에 흠씬 빠져들게 하는 시. 생태학적인 상상력에 의한 일종의 생명시학이라고 말할 수 있겠다.

나는 이 시를 두고 서정주의 「국화 옆에서」를 연상하였다.

나는 이 시를 읽으면서 인연에 따라 생기한다는 연기를 생각한다. 이 세상에 존재에 존재하는 모든 현상의 원인 인因과 그 조건인 연緣이 끊임없이 한 관계성을 형성한다. 「국화 옆에서」의 관계성은 국화꽃으로 응집되었다. 이 국화꽃을 두고 '온생명'이라고 한다. 온생명을 만드는 낱생명들은 천둥·무서리·불면 등의 우주 요소들이다.

마찬가지로 안개 나무라는 온생명에는 천둥·구름·안개·기압·소나기·신기루·벼락 등의 우주 요소인 낱생명이 있다. 안개 나무는 혼자서 존재할 수 없는 관계성의 총화인 것이다. 이런 까닭으로 해서, 이 시는 윤고방 시인의 이번 시집에 두드러지게 나타나 보이는 가장 성취적인 작품인 것으로 판단된다.

4.

윤고방 시인은 앞에서 말했듯이 서화인이기도 하다. 평소 조형적인 감각이 몸에 배인 분이다. 자신의 시에 있어서도 조형적인 감각은 결코 피해 가지 않는 것 같다. 언어의 이미지는 시각적인데 압도적이고, 문자화를 연상시키는 비구상 기법도 거리낌 없이 수용된다. 또한, 행과 연을 조성하는 데 있어서도 시각적인 실험의 교란된 형태도 선보이고 있다.

강물아 너는
흐르고 흘러서
영원으로
가거라
너의 물결을
베고 누워
우리도 함께
흐르고 흐르면
잠시 영원을
꿈꾸게 되리
아름다운
찰나의 꿈

—「마음자리 풍경 9—강물의 꿈」 전문

인용한 시편인 「마음자리 풍경 9—강물의 꿈」은 연작시의 한 편이다. 멀리서 강물이 굽이쳐 흘러가는 형상을 본뜬 시적 형태이다. 흐름의 행간에는 느리고 더딘 삶의 속도를 적절히 반영하고 있다. 흐르고 흘러서 잠시 영원을 꿈꾸게 되는 아름다운 찰나의 꿈에, 시인은 도달하고 싶은 게다. 시와 예술과 인생의 구경究竟이야말로 이 꿈에 닿는 것은 아닐까 하고 생각해

본다. 끝으로, 시인의 시집 간행에 축하의 뜻을 보내면서, 이 글을 마무르고자 한다.

이 도서의 국립중앙도서관 출판시도서목록(CIP)은 서지정보유통지원시스템 홈페이지(http://seoji.nl.go.kr)와 국가자료공동목록시스템(http://www.nl.go.kr/kolisnet)에서 이용하실 수 있습니다.(CIP제어번호: CIP2017010425)

지성의 상상 시인선 003

쓰나미의 빛

ⓒ윤고방

초판 1쇄 인쇄 2017년 5월 8일
초판 1쇄 발행 2017년 5월 15일
편집·기획 미네르바
주소 서울시 종로구 율곡로 6길 36, 802호
(운니동, 월드오피스텔)
전화 및 팩스 02-745-4530
전자우편 minerva21@hanmail.net

지은이 윤고방
펴낸곳 문학의전당
펴낸이 고영
디자인 헤이존
출판등록 제2017-000002호
주소 서울시 마포구 마포대로 11길 91, 3층
전화 02-852-1977 팩스 02-852-1978
전자우편 sbpoem@naver.com

ISBN 979-11-5896-320-0 03810

* 이 책의 판권은 지은이와 미네르바·문학의전당에 있습니다.
* 양측의 서면 동의 없는 무단 전재 및 복제를 금합니다.
* 잘못 만들어진 책은 바꿔드립니다.